Tome 20.

1776. —— avril

Decembre —— 1777.

ORDONNANCE
DU ROI,

Concernant son régiment d'Infanterie.

Du 1.ᵉʳ Avril 1776.

DE PAR LE ROI.

A MAJESTÉ ayant réglé par son Ordonnance du 25 du mois de mars dernier, la composition de son Infanterie Françoise, Allemande, Irlandoise, Italienne & Corse : Et s'étant réservée d'expliquer ses intentions sur son régiment d'Infanterie, Elle a ordonné & ordonne ce qui suit :

ARTICLE PREMIER.

LE régiment d'Infanterie de Sa Majesté, continuera à être composé de quatre bataillons.

2.

CHAQUE bataillon sera composé, comme le reste de

E

l'Infanterie, de quatre compagnies de Fusiliers; & il y aura, sur tout le régiment, deux compagnies de Grenadiers, deux compagnies de Chasseurs, & deux compagnies Auxiliaires.

3.

CHAQUE compagnie de Grenadiers, sera commandée par un Capitaine, un Capitaine en second, un premier Lieutenant, un Lieutenant en second & deux Sous-lieutenans; & composée d'un Sergent-major, d'un Fourrier-écrivain, de quatre Sergens, de huit Caporaux, de quatre-vingt-quatre Grenadiers, de deux Tambours ou Instrumens, & d'un Frater, formant un total de cent sept hommes, y compris les Officiers.

4.

LA compagnie Colonelle sera commandée par le Colonel-lieutenant, qui jouira des appointemens de Capitaine, un Capitaine en second, un premier Lieutenant, un Lieutenant en second, un Enseigne, que Sa Majesté conserve, conformément à l'article 12 de l'Ordonnance du 12 janvier 1763, qu'Elle confirme par les dispositions de la présente Ordonnance, & de deux Sous-lieutenans; & composée d'un Sergent-major, d'un Fourrier-écrivain, de cinq Sergens, de dix Caporaux, d'un Frater, de cent quarante-quatre Fusiliers, de deux Tambours ou Instrumens, formant un total de cent soixante-dix hommes, y compris les Officiers.

5.

LA compagnie Lieutenante-colonelle, sera commandée par le Lieutenant-colonel, un Capitaine-commandant, un Capitaine en second, un premier Lieutenant, un Lieutenant en second & deux Sous-lieutenans; & composée du même nombre de bas Officiers, Fusiliers, Tambours ou Instrumens, que la compagnie du Colonel-lieutenant.

6.

CHAQUE compagnie de Fusiliers ou de Chasseurs, sera commandée par un Capitaine-commandant, un Capitaine

en second, un premier Lieutenant, un Lieutenant en second
& deux Sous-lieutenans ; & composée d'un Sergent-major,
d'un Fourrier-écrivain, de cinq Sergens, de dix Caporaux,
d'un Frater, de cent quarante-quatre Fusiliers & de deux
Tambours ou instrumens, formant un total de cent soixante-
dix hommes, y compris les Officiers.

7.

CHACUNE de ces compagnies de Grenadiers, Chasseurs
ou Fusiliers, sera divisée en quatre divisions d'un nombre
égal d'hommes.

8.

IL sera créé dans ce régiment, un Colonel-lieutenant en
second, un Quartier-maître-trésorier & deux Adjudans ; le
temps du service que devra faire ledit Colonel-lieutenant en
second, chaque année, sera réglé par le Colonel-lieutenant-
inspecteur, d'après les ordres qu'il recevra de Sa Majesté.

9.

SA MAJESTÉ veut bien que le sieur le Gout du Plessis,
Brigadier de ses armées & Lieutenant-colonel de son régiment, y soit nommé pour cette fois seulement ; Sa Majesté
se réservant de pourvoir à l'avenir de la place de Colonel-
lieutenant en second de son régiment, tel Officier qu'Elle
jugera à propos, soit de son régiment, soit de tout autre
qu'il lui plaira.

10.

LE premier Aide-major du régiment, rétabli par l'Ordonnance du 15 novembre 1767, sera conservé sous le
titre d'Aide-major du Corps, avec les mêmes appointemens
& les mêmes fonctions ; & il aura à l'avenir le rang de Major,
du jour de sa nomination à cet emploi, & celui qui en sera
pourvu ne quittera cet emploi que lorsqu'il parviendra, par
son rang d'ancienneté, à la place de chef de bataillon.

Il sera conservé pareillement deux des quatre Aides-major
ordinaires, au choix du Colonel-lieutenant ; ces Aides-major

seront particulièrement attachés aux troisième & quatrième bataillons, avec le même rang & les mêmes fonctions qu'ils avoient ci-devant, & les mêmes appointemens, soit de Capitaine-commandant, soit de Capitaine en second, suivant leur ancienneté dans le régiment.

Les deux autres Aides-major, les Sous-aides-major, le Quartier-maître actuellement existant, & un Porte-drapeau par bataillon, seront supprimés.

1 1.

Au moyen de quoi l'État-major de ce régiment sera composé d'un Colonel-lieutenant, d'un Colonel-lieutenant en second, d'un Lieutenant-colonel, d'un Major, d'un Aide-major du Corps, de deux Aides-major ordinaires, de quatre Porte-drapeaux, d'un Quartier-maître-tréforier, de deux Adjudans, d'un Chirurgien aux appointemens de seize cents livres par an, d'un Aide-chirurgien aux appointemens de huit cents livres aussi par an, d'un Aumônier, d'un Tambour-major & d'un Armurier.

1 2.

Le Sergent-major de chaque compagnie, ne fera aucun service & fera chargé supérieurement aux autres Sergens qui lui seront subordonnés, de tous les détails du service & de la discipline, fous les ordres des Officiers supérieurs de la compagnie.

Le Fourrier fera un écrivain, & ne fera d'autre service que celui de tenir les regiftres, former les états & pourvoir au logement de la compagnie.

Le Quartier-maître-tréforier fera chargé de tenir les regiftres de recette & de dépense, & de recevoir les deniers qu'il déposera dans la Caisse; il aura le rang & les prérogatives de Lieutenant, & jouira des mêmes appointemens dont jouit maintenant le Tréforier de ce régiment.

Les Adjudans auront rang de premiers Sergens-major,

tous les Sergens-majors des compagnies leur seront subordonnés. Ils rempliront toutes les fonctions de détail que remplissoient jusqu'à présent les Sous-aides-major.

Le Major sera suppléé en son service & en ses fonctions, par l'Aide-major du Corps; & en l'absence de celui-ci, par un des deux Aides-major ordinaires, sous l'autorité du plus ancien Officier qui se trouvera présent au Corps, & le commandera.

Le premier Capitaine de chaque bataillon, conservera le titre de Chef de bataillon, avec le même grade & les mêmes fonctions qui ont été de tous les temps attachés à ces emplois, & tels qu'ils sont établis par l'Ordonnance du 28 juin 1774.

Sa Majesté veut bien régler qu'il sera payé dix-huit cents livres en supplément d'appointemens à la place de Colonel-lieutenant en second, créé par la présente Ordonnance; & son intention étant de ne plus accorder à l'avenir aucune pension sur le Trésor royal, aux Chefs de bataillon & Capitaines de Grenadiers de son régiment, telles qu'ils les avoient obtenues jusqu'à ce jour; Elle veut bien, pour leur en tenir lieu, leur fixer un supplément d'appointemens de mille livres pour chaque Chef de bataillons, & de six cents livres pour chaque Capitaine de Grenadiers qui seront nommés à l'avenir à ces emplois dans son régiment.

Sa Majesté confirmant à leur égard l'article 18 de l'Ordonnance du 26 avril 1775, concernant l'Infanterie.

13.

INDÉPENDAMMENT de cette composition des bataillons & des compagnies, il sera attaché à ce régiment deux compagnies Auxiliaires, destinées en temps de guerre à remplacer dans les autres compagnies des bataillons, les hommes qui pourront y manquer par maladie, mort ou désertion.

14.

CES compagnies Auxiliaires seront commandées chacune

par un Capitaine-commandant, un Capitaine en second, un premier Lieutenant, un Lieutenant en second & deux Sous-lieutenans; & composées d'un Sergent-major, d'un Fourrier-écrivain, de cinq autres Sergens & de dix Caporaux, d'un Frater, de deux Tambours ou Instrumens, & du nombre de Fusiliers que Sa Majesté jugera nécessaires & convenables aux circonstances.

15.

VEUT Sa Majesté, que dès-à-présent deux des Officiers de ces deux compagnies, au choix du Colonel-lieutenant, les deux Sergens-majors, six autres Sergens & seize Caporaux destinés à faire partie de ces deux compagnies en temps de guerre, soient levés & établis dans les lieux que le Colonel-lieutenant désignera pour servir de dépôt aux recrues, ainsi qu'il est expliqué dans l'Ordonnance d'administration à laquelle Sa Majesté veut que son régiment d'Infanterie se conforme en tout ce qui n'est pas contraire à sa constitution particulière.

Cet Officier & ces bas Officiers, seront payés en temps de paix, des fonds de la masse du Corps, sur le pied réglé au titre des recrues de la même Ordonnance.

16.

VEUT bien Sa Majesté, pour procurer à sa Noblesse des débouchés plus multipliés, conserver à son régiment d'In-fanterie, la prérogative d'admettre dans chacune des compa-gnies de Fusiliers seulement, quatre seconds Sous-lieutenans surnuméraires sans appointemens, & auxquels il sera seulement donné le logement à la garnison, & l'étape en route. Son intention est en même temps que ces Officiers surnuméraires n'aient aucun rang entr'eux pour parvenir aux emplois en pied, & qu'il ne puisse y être proposé que celui qui l'aura le mieux mérité par son application, son zèle & la sagesse de sa conduite.

17.

SA MAJESTÉ ayant réglé à tous ses régimens d'Infanterie

françoise, la même solde, paix ou guerre, & établi par son Ordonnance, qu'elle leur feroit payée sans aucune retenue; son intention est que son régiment d'Infanterie soit traité en tout point de même; que les Officiers reçoivent les mêmes appointemens; les bas Officiers, Grenadiers, Chasseurs & Fusiliers, la même solde, sous les mêmes conditions & réserves établies par ladite Ordonnance; qu'on se conforme également à ce qui y est réglé concernant les masses; & Elle veut que l'administration y soit établie d'après les mêmes principes & ceux que le Colonel-lieutenant jugera les plus convenables au bien du service & à l'intérêt de ce Corps: Sa Majesté lui conservant les prérogatives qui ont été jusqu'à ce jour attachées à sa place, de même que l'inspection particulière de son régiment.

18.

VEUT aussi Sa Majesté que les pensions d'ancienneté & les gratifications attachées aux charges qui existent dans son régiment, continuent à être payées comme par le passé, ainsi que les neuf mille livres par an, fixées pour les appointemens des Maîtres des différentes écoles établies au régiment de Sa Majesté.

19.

LE régiment d'Infanterie de Sa Majesté, continuera à porter l'uniforme qu'il est actuellement en usage de porter, suivant l'état que Sa Majesté en a précédemment arrêté, jusqu'à ce qu'il lui plaise d'en ordonner autrement.

20.

POUR parvenir à la nouvelle composition prescrite par la présente Ordonnance, Sa Majesté fera expédier les ordres nécessaires au sieur Comte du Châtelet, Colonel-lieutenant & Inspecteur de ce régiment; pour y procéder, il le fera en conséquence mettre sous les armes, par les ordres du Gouverneur ou Commandant de la place où il se trouvera, & en préfence du Commiffaire des guerres qui en aura la police.

21.

IL fera une revue exacte, par laquelle il conflatera le nombre d'Officiers & de Soldats dont ledit régiment fera compofé; & le Commiffaire des guerres fera auffi la fienne, pour fervir au payement dudit régiment, jufques & non compris le jour de fa nouvelle compofition.

22.

IL entrera, lors de fa revue, dans le détail le plus exact des différentes maffes établies dans ce régiment jufqu'à ce jour. Il réunira celle des Recrues & des menues réparations; & après avoir déduit ce qu'il y aura à payer aux Vétérans, aux Soldats de feize & huit ans de fervices, pour dédommagement des hautes-payes fupprimées par l'Ordonnance d'adminiftration, il formera l'état des fommes qui doivent refter en bénéfice, dont ce Corps fe forcera en recette fur la nouvelle adminiftration, qui devra fervir de fupplément à la maffe générale, & être employée à l'augmentation d'hommes qui fera fucceffivement ordonnée dans chaque compagnie; Sa Majefté déclarant qu'Elle ne donnera d'autres fecours que celui-là pour raifon de cette augmentation, fi ce n'eft le non-complet du régiment de Sa Majefté, qui continuera d'être verfé chaque mois dans fa caiffe, pour fervir d'accroiffement à la maffe générale du Corps.

23.

IL formera enfuite un fecond état, féparé & diftinct, de la maffe du linge & chauffure, pour en connoître feulement la fituation au moment de la nouvelle formation, les fommes qui y font dépofées appartenant à chaque Sergent ou Soldat.

24.

IL dreffera un état contenant les noms, furnoms &

services des Sergens, Caporaux, Appointés, Grenadiers, Fusiliers & Tambours, qu'il jugera absolument hors d'état de servir, & qui seroient dans le cas d'être admis aux Invalides, ou de se retirer chez eux avec le traitement réglé par l'Ordonnance d'administration. Il joindra à ces états leurs congés absolus, & les certificats de leurs services, & ceux des blessures qui les rendront susceptibles de cette grâce, au défaut de services suffisans; après quoi il les fera mettre en marche pour se rendre à l'Hôtel, sur les routes qui seront envoyées à cet effet.

2 5.

LE Colonel-lieutenant, chargé de l'exécution des ordres de Sa Majesté, ordonnera ensuite l'incorporation des deux compagnies de Grenadiers les moins anciennes, dans les deux plus anciennes; & celle des compagnies de Fusiliers, commandées par les seize moins anciens Capitaines de tout le régiment, dans les seize plus anciennes qui devront rester sur pied.

2 6.

IL choisira dans ces compagnies le nombre de Sergens, Caporaux, Tambours ou Instrumens & Soldats nécessaires, pour composer, conformément aux intentions du Roi, les compagnies des Chasseurs. Il les formera des hommes les plus lestes, les plus vigoureux, & les plus propres à ce genre de service, sans égard à la taille, & il les portera au nombre d'hommes dont se trouveront composées ce jour les compagnies de Fusiliers; & ces compagnies seront successivement augmentées par la suite à mesure que, par les Recrues qui arriveront, les compagnies de Fusiliers parviendront au nombre d'hommes dont elles doivent être composées.

2 7.

LES compagnies de Grenadiers, de Chasseurs ou de Fusiliers étant ainsi composées, on y attachera les Officiers qui devront les commander; & à cet effet, les quatre Chefs de bataillons conservés, demeureront attachés aux quatre premières compagnies de Fusiliers; les deux Capitaines qui les suivront par leur ancienneté, auront les deux compagnies de Grenadiers: le Colonel-lieutenant choisira ensuite, parmi les Capitaines qui devront rester en pied, les deux qu'il jugera les plus propres au genre de service des Chasseurs, & il les placera à la tête de ces compagnies. Les compagnies restantes seront données au Colonel-lieutenant, au Lieutenant-colonel & aux Capitaines les plus anciens de commission de tout le régiment, y compris les Aides-major ayant commission de Capitaine, & dont les charges sont supprimées.

28.

LES quatre drapeaux seront attachés aux compagnies Colonelle, Lieutenante-colonelle, & à celle des deux premiers Chefs de bataillons.

29.

LES Capitaines qui demeureront sans compagnie, ainsi que les Aides-major supprimés ayant commission de Capitaine, & les autres Officiers pourvus de pareilles commissions, seront placés suivant la date de leurs commissons aux différentes compagnies, en qualité de Capitaine en second: savoir, les deux plus anciens, aux deux compagnies de Grenadiers, & deux, au choix du Colonel-lieutenant, aux deux compagnies de Chasseurs; les autres, dans leur ordre d'ancienneté, aux compagnies de Fusiliers.

30.

APRÈS que tous les Capitaines, & tous les Officiers ayant commission de Capitaine, seront placés aux compagnies comme Capitaine en second, si le nombre excédoit celui prescrit par cette Ordonnance, ils rempliront les premières places de premiers Lieutenans, dont ils auront le traitement & feront le service, jufqu'à ce qu'ils puiffent être remplacés à des places de Capitaines en fecond.

31.

ENSUITE, ledit Colonel-lieutenant placera aux deux compagnies de Chaffeurs, deux Lieutenans à fon choix, & aux compagnies reftantes dans leur ordre d'ancienneté, les autres Lieutenans, y compris les Aides-major qui n'ont pas la commiffion de Capitaine, & les Sous-aides-major qui par leur état ont rang de Lieutenant, ainfi que les Porte-drapeaux & le Quartier-maître, à qui Sa Majefté auroit précédemment accordé ce rang, par des lettres particulières.

32.

LES autres Lieutenans, qui n'auront pu être placés en cette qualité aux compagnies, rempliront les premières places de Lieutenans en fecond dans les compagnies de Grenadiers, Chaffeurs ou Fufiliers; & les Sous-lieutenans actuels, le reftant des places de Lieutenans en fecond, & toutes celles de Sous-lieutenans: les Porte-drapeaux qui fe trouveront dans l'une ou l'autre de ces claffes, feront placés de préférence aux compagnies de Grenadiers.

33.

LES Officiers qui demeureront fans emploi, feront nombre parmi les Sous-lieutenans furnuméraires que Sa Majefté a bien voulu conferver dans les compagnies de fon régiment, & Elle entend qu'ils foient remplacés de préférence aux premières places qui viendront à vaquer.

34.

LES Fourriers actuels des compagnies rempliront les places de Sergens-majors dans leur ordre d'ancienneté, & ceux qui fe trouveront excéder le nombre établi par la préfente Ordonnance, rétrograderont aux places de Sergens, & les Sergens à celles de Caporaux, ainfi que les Caporaux aux places de

Grenadiers & de Fusiliers, dont les uns & les autres rempliront le service. Veut cependant bien Sa Majesté qu'ils conservent le traitement de leur grade jusqu'à leur remplacement, ou à leur extinction ; son intention étant qu'il en soit fait mention dans les revues, & qu'ils soient pourvus des premières places qui viendront à vaquer.

35.

QUANT aux Tambours ou autres instrumens qui se trouveront également excéder le nombre établi par la nouvelle composition, ils seront placés dans les compagnies, comme Soldats, s'ils ont la taille nécessaire, sans pouvoir prétendre d'autre paye que celle de Soldat, le supplément qu'ils recevoient jusqu'à présent, à ce titre, leur étant accordé pour l'entretien de leur caisse ; & dans le cas où il s'en trouvera dans ce nombre, qui n'eussent pas la taille ni la tournure nécessaires pour être Soldats, il leur sera expédié des congés absolus pour se retirer où bon leur semblera.

36.

LES Grenadiers continueront à être tirés des compagnies de Fusiliers qui y fourniront chacune à leur tour ; mais on choisira les Chasseurs parmi les recrues qui paroîtront les plus propres à ce genre de Troupes.

37.

CES opérations faites, on procédera au choix du Quartier-maître-trésorier & des deux Adjudans : ces derniers seront pris dans le corps des Fourriers actuels, & on aura attention de choisir ceux qui se seront le plus distingués par leur intelligence, leur zèle, leur activité & leur bonne conduite.

38.

APRÈS qu'il aura égalisé pour le nombre d'hommes toutes les compagnies, & complété les Officiers, les Sergens & les Caporaux dans chacune, au nombre établi par la nouvelle composition, il sera dresser en sa présence le contrôle des hommes qui composeront lesdites compagnies, & ordonnera aux Capitaines d'établir les livres particuliers des signalemens de leurs compagnies; il se les fera représenter, & les approuvera après les avoir vérifiés. Il formera ensuite un Conseil d'administration, & y établira les réglemens qui seront les plus analogues à celui du 25 mars dernier, portant établissement d'un Conseil d'administration dans les autres régimens d'Infanterie.

39.

SA MAJESTÉ confirme les dispositions des articles 15, 27, 28, 29 & 31 de l'Ordonnance particulière du 12 janvier 1763, concernant son régiment, ainsi que l'article 7 de l'Ordonnance du 22 mai 1759, & rappelé dans l'Ordonnance générale de l'Infanterie, du 26 avril 1775.

40.

VEUT pareillement Sa Majesté, que le Colonel-lieutenant, Inspecteur de ce régiment, conserve, comme par le passé, la disposition des congés des Officiers, attendu qu'ils n'ont jamais de semestres.

41.

VEUT au surplus Sa Majesté, que son régiment d'Infanterie soit assujetti à toutes les autres Ordonnances & réglemens concernant l'Infanterie Françoise, en tout ce qui ne sera pas contraire à la présente.

42.

L'INTENTION de Sa Majesté est qu'il soit dressé par le Commissaire des guerres qui sera présent à l'exécution de la présente Ordonnance, un procès-verbal de la nouvelle composition dudit régiment: Voulant Sa Majesté, que le traitement qui y est réglé, ait lieu dans toutes ses parties, à commencer du jour de la date dudit procès-verbal dont il sera remis un double signé dudit Commissaire au Trésorier; Voulant aussi

Sa Majesté, qu'il en soit envoyé un double au Secrétaire d'État ayant le département de la guerre.

MANDE & ordonne Sa Majesté aux Officiers généraux ayant commandement sur ses Troupes, aux Gouverneurs & Commandans de ses villes & places, au Colonel-lieutenant de son régiment, aux Intendans dans ses provinces, aux Commissaires des guerres & à tous autres ses Officiers qu'il appartiendra, de tenir la main à l'exécution de la présente Ordonnance.

FAIT à Versailles le premier avril mil sept cent soixante-seize. *Signé* LOUIS. *Et plus bas*, SAINT-GERMAIN.

A PARIS,

DE L'IMPRIMERIE ROYALE.

M. DCCLXXVI.